# LE CHAT EN

# 500

CW01621842

**Direction éditoriale :** Stéphane Chabenat
**Suivi éditorial :** Pauline Labbé
**Conception graphique et mise en pages :**
Florence Cailly
**Conception couverture :** Olo éditions

Les Éditions de l'**Opportun**
16 rue Dupetit-Thouars
75003 Paris

**www.editionsopportun.com**

Stéphane Garnier

# LE CHAT EN 500 CITATIONS

*Aux plus de 500 millions*
*de chats*
*vivant sur Terre, au vôtre, au mien...*

*« Ziggy, il s'appelle Ziggy*
*C'est un chaton pas comme les autres,*
*Mais moi je l'aime,*
*c'est pas de ma faute...*
*On dirait qu'il vit dans une autre*
*galaxie... »**

*SG*

* Starmania

# SOMMAIRE

Avant-propos 9

Le chat : plus qu'un compagnon de vie, un art de vivre 13

Le chat dans la maison 19

L'intelligence du chat 27

Beauté, charme et charisme du chat 33

La liberté et l'indépendance du chat 43

Le chat est-il supérieur à l'homme ? 51

Le chat est entier, honnête 59

Zénitude et sagesse du chat 65

Les chats sont-ils des dieux ? 75

Des écrivains et des chats 81

Le chat au quotidien : que du bonheur ! 91

Ironie et humour sur les chats 101

Noblesse du chat 115

Des hommes et des chats 119

Position et importance du chat dans le monde 133

Talents de chat 141

Amour et complicité avec le chat 149

Le mystère du chat 159

Nature et caractère du chat 169

Les femmes et les chats 183

L'importance du chat dans notre vie 191

Considérations absurdes à propos du chat 197

Parallèles de vie 205

Attitude et philosophie du chat 211

Admiration et croyances 221

Des chiens et des chats 227

Les vœux de Ziggy pour la nouvelle année 235

# AVANT-PROPOS

Quelles que soient la culture, l'époque ou la langue, l'histoire d'amour entre les hommes, les femmes et les chats n'a jamais cessé de s'étendre.

De tout temps, les chats ont été adorés, admirés, vénérés comme des êtres magiques se plaçant entre les mondes réel et mystique, tout en servant le bien-être des humains avec qui ils décident de passer leur vie.

Le chat est fidèle et les hommes le lui rendent bien à travers un amour inconditionnel que vous pouvez retrouver dans ces quelque 500 témoignages de personnages célèbres qui ont voulu laisser une trace indélébile de leur attachement à leur petite boule de poil, à ce compagnon de vie.

Écrivains, peintres, personnages publics, politiques, certains ont consacré au chat des ouvrages considérables, d'autres quelques lignes poignantes, mais tous ont voulu à travers ces mots remercier les chats qu'ils ont tant aimés dans leur vie, des chats sans qui, pour beaucoup, ils n'auraient peut-être pas compris le sens profond de leur vie.

C'est un grand merci, un grand salut et une véritable déclaration d'amour à la race féline que je tenais ici à partager avec vous, avec au passage quelques pensées que le chat murmure à notre oreille, des conseils et de la bienveillance qui saupoudrent la grande histoire d'amour que nous partageons avec lui depuis des siècles…

**Écoutez, ça fait :**

Chatbadabada, Chatbadabada...
Comme nos voix
ba da ba da da ba da ba da
Chantent tout
bas ba da ba da da ba da ba da
Nos cœurs y voient
ba da ba da da ba da ba da
Comme une chance comme un espoir
Comme nos voix
ba da ba da da ba da ba da
Nos cœurs y croient
ba da ba da da ba da ba da
Encore une fois
ba da ba da da ba da ba da
Tout recommence, la vie repart... *

* *Un homme et une femme* - **Pierre Barouh**

# LE CHAT : PLUS QU'UN COMPAGNON DE VIE, UN ART DE VIVRE

« Tu deviens responsable pour toujours de ce que tu as apprivoisé. »
**ANTOINE DE SAINT-EXUPÉRY**

« J'aime le chat pour sa beauté, pour cette bonne présence qui est en même temps une présence gracieuse. Vivre avec un chat, c'est comme vivre en permanence au milieu de belles choses. »
**FÉLICIEN MARCEAU**

« Le chat est à nos côtés le souvenir chaud, poilu, moustachu et ronronnant d'un paradis perdu. »
**LEONOR FINI**

« Mon chat, c'est la moitié
de mon âme. »
**GUY FÉQUANT**

« Dans un incendie,
entre un Rembrandt et un chat,
je sauverais le chat. »
**ALBERTO GIACOMETTI**

« Les animaux sont d'agréables
compagnons. Ils ne posent jamais
de questions, ne font aucune critique. »
**GEORGE ELIOT**

« La seule personne qui
me comprenne, sur cette terre,
c'est mon chat. »
**DIANE GONTIER**

« Seuls les amoureux des chats connaissent le luxe de ces bouillottes musicales, couvertes de fourrure, qui ne deviennent jamais froides. »

**SUZANNE MILLEN**

« On a calomnié les chats. Ils ont une tendresse, et une tendresse intelligente. Quand je suis bien portant, la chatte saute sur le pied de mon lit et s'y tient coite ; quand je suis malade, elle se couche contre ma poitrine, et comme elle a horreur de la barbe, elle me lèche de temps en temps le bout du nez comme un baiser. »

**EDMOND ET JULES DE GONCOURT**

« On ne possède pas un chat,
c'est lui qui vous possède. »
**FRANÇOISE GIROUD**

« Pour l'homme sensible, c'est
un privilège de partager une pièce
avec un chat, de croiser son regard,
de le sentir se frotter contre
ses jambes. »
**DESMOND MORRIS**

« La meilleure façon pour un chat de
signifier son bonheur, c'est de dormir. »
**CLEVELAND AMORY**

# PARCE QUE MOI AUSSI, JE PENSE À VOUS...

“L’amour, c’est partager
sa vie avec un être pour qui
l’on ferait le tour du monde
à genoux, qui le sait, et qui ne
vous le demande jamais.”

**ZIGGY**

# LE CHAT DANS LA MAISON

« Une maison sans chat,
que c'est vide ! »
**BERTRAND VAC**

« J'aime les chats parce que
j'aime ma maison.
Et qu'ils en deviennent
peu à peu l'âme visible. »
**JEAN COCTEAU**

« Dieu a inventé le chat
pour que l'homme ait un tigre
à caresser chez lui. »
**VICTOR HUGO**

« Une maison sans chat est un
aquarium sans poisson. »
**JEAN-LOUIS HUE**

« Je souhaite dans ma maison :
une femme ayant sa raison,
un chat passant parmi les livres,
des amis en toute saison sans
lesquels je ne peux pas vivre. »
**GUILLAUME APOLLINAIRE**

« Il n'y a pas besoin de sculpture
dans une maison où il y a un chat. »
**WESLEY BATES**

« Le chat est l'esprit gardien
de la maison. »
**ANONYME**

« Les amoureux fervents
et les savants austères
Aiment également,
dans leur mûre saison,
Les chats puissants et doux,
orgueil de la maison,
Qui comme eux sont frileux
et comme eux sédentaires. »

**CHARLES BAUDELAIRE**

« Il suffit d'un petit chat pour rendre accueillante une maison vide. »

**PAM BROWN**

« Les chats sont les experts du confort. »

**JAMES HERRIOT**

« Ici, c'est la maison des chats,
nous, on se contente de payer le loyer. »
**ANONYME**

« Un foyer sans chat – attention,
un chat bien nourri, bien caressé
et révéré comme il se doit – est peut-
être un foyer parfait, mais comment
peut-il le prouver? »
**MARK TWAIN**

« Certaines maisons requièrent
un chat. »
**RENÉE MASSIP**

« Je pense que le chat est nécessaire
à un intérieur.
Il le complète. C'est lui qui polit
les meubles, en arrondit les angles,
lui qui donne à l'appartement
du mystérieux. Il est bien le dernier
bibelot, le couronnement suprême. »

**STÉPHANE MALLARMÉ**

« Petit à petit, les chats
deviennent l'âme de la maison. »

**JEAN COCTEAU**

« Un chat fait qu'une maison
est un foyer. »

**PATRICIA HIGHSMITH**

« Vous serez d'accord pour dire qu'un jardin sans chat n'est pas vraiment un jardin. »

**BEVERLY NICHOLS**

« Le chat au coin du feu vit voluptueusement et représente l'image du confort. »

**LEIGH HUNT**

# PARCE QUE MOI AUSSI, JE PENSE À VOUS...

“Il est des personnes qu’on désire, d’autres qu’on aime, et celles dont on se souvient à jamais.”

**ZIGGY**

# L'INTELLIGENCE DU CHAT

« Le chat habile mange du fromage
et souffle dans les trous de rats,
pour les appâter avec son souffle. »

**W. C. FIELDS**

« Comme quiconque les a un tant soit peu fréquentés le sait bien, les chats font preuve d'une patience infinie envers les limites de l'esprit humain. »

**CLEVELAND AMORY**

« Quand un chat fait quelque chose, on appelle ça de l'instinct. Si nous faisons la même chose, pour la même raison, on appelle ça de l'intelligence. »

**WILL CUPPY**

« Le chat a trop d'esprit pour ne pas avoir de cœur. »

**ERNEST MENAULT**

« La devise du chat : qu'importe ce que tu as fait, essaie toujours de faire croire que c'est la faute du chien. »

**JEFF VALDEZ**

« Les chats et les enfants se ressemblent, ils ne quittent presque jamais les coutumes qu'ils ont prises dans leur jeunesse… »

**JEAN DUVERGIER DE HAURANNE**

« En regardant ce chat si intelligent, je songe à nouveau avec tristesse aux étroites limites de nos connaissances. Qui peut dire jusqu'où vont les facultés intellectuelles de ces bêtes ? »

**ERNST THEODOR AMADEUS HOFFMANN**

« Et quand je vois passer un chat
je dis : il en sait long sur l'homme. »

**JULES SUPERVIELLE**

« Les chats sont malins et conscients
de l'être. »

**TOMI UNGERER**

« Il suffit de regarder les hommes
pour savoir que les chats, les chiens
et même Pois-Chiche ont plus
de cervelle et même plus de cœur. »

**SÉBASTIEN JAPRISOT**

« Un chat peut être aveugle
et sourd comme un pot.
Mais il n'y a pas de chat idiot. »

**ANTHONY HENDERSON EUWER**

« On fit comme les chats, patte douce,
on eut l'air soumis. »
**LOUIS PERGAUD**

« Comme toutes les créatures pures,
les chats sont pratiques. »
**WILLIAM S. BURROUGHS**

« La dernière chose dont j'accuserais
un chat, c'est d'être naïf. »
**EDWARD PALEY**

« Le chat intelligent
ne laisse pas voir qu'il l'est. »
**H.G. FROMMER**

# PARCE QUE MOI AUSSI, JE PENSE À VOUS…

“Et si je n’avais qu’un cœur,
il serait pour toi…
D’ailleurs, je n’ai qu’un cœur…
il est à toi.”

**ZIGGY**

# BEAUTÉ, CHARME ET CHARISME DU CHAT

« Le plus petit des félins
est une œuvre d'art. »
**LÉONARD DE VINCI**

« Ce qui est merveilleux avec un chat,
c'est qu'il n'y a rien à faire quand il
vient à vous,
qu'à le regarder. »
**ANNY DUPEREY**

« Les chats, les femmes et les grands
criminels ont ceci de commun :
ils représentent un idéal inaccessible
et une capacité à s'aimer soi-même
qui nous les rend attirants. »
**SIGMUND FREUD**

« Son rôle est de s'asseoir
et se faire admirer. »
**GEORGINA STRICKLAND GATES**

« Vous direz : un chat c'est une peau !
Pas du tout ! Un chat c'est
l'ensorcellement même,
le tact en ondes. »

**LOUIS-FERDINAND CÉLINE**

« Les chats ne se sentent jamais
menacés. Ils sont génétiquement
incapables d'intégrer l'idée que
quelqu'un pourrait avoir de l'aversion
pour une créature aussi parfaite
qu'un chat. »

**KATHY YOUNG**

« Plume, c'est l'irruption de l'élégance
et de la tendresse dans un monde
de lourdeur et d'ennui. »

**GUY FEQUANT**

« Le chat, si propre qu'il est, si bien peigné déjà, se lisse avec coquetterie. »

**MAURICE ROLLINAT**

« Mais que sa voix s'apaise ou gronde,
elle est toujours riche et profonde.
C'est là son charme et son secret. »

**CHARLES BAUDELAIRE**

« Il est des beautés qui excèdent le vocabulaire. Les chats appartiennent à cet ordre. »

**LOUIS NUCERA**

« L'homme doit travailler dur pour qu'on se souvienne de lui. Un chat le fait facilement. Il n'a qu'à apparaître et sa présence demeure des années les jours de pluie. »

**ALBERT EINSTEIN**

« De tous les animaux, les chats,
les mouches et les femmes
sont ceux qui perdent le moins
de temps à leur toilette. »

**JEAN COCTEAU**

« Si un poisson est la personnification,
l'essence même du mouvement,
alors le chat est le diagramme
et le modèle de la légèreté de l'air. »

**DORIS LESSING**

« Nos charmants minous sont
semblables aux temples doriques, aux
colonnes ioniques dont ils possèdent
l'harmonie structurale et le charme
élevé à un degré supérieur. »

**HOWARD PHILLIPS LOVECRAFT**

« Les chats n'ont pas à être mis sur un piédestal : ils s'y mettent eux-mêmes. »

**ANONYME**

« On décrit le chat comme le plus parfait des animaux : son harmonie musculaire est la plus réussie qui soit. Il possède la meilleure coordination de l'esprit et du mouvement de tout le règne animal. »

**ROSE ANNE AMBROISE**

« Alors, il se pourlèche un moment
les moustaches
Avec l'air étonné d'avoir déjà fini ;
Et, comme il s'aperçoit qu'il s'est fait
quelques taches,
Il relustre avec soin son pelage terni. »

**EDMOND ROSTAND**

« Tous les chats deviennent le centre de l'attention. »
**PETER GRAY**

« Rien n'est plus doux, rien ne donne à la peau une sensation plus délicate, plus raffinée, plus rare que la robe tiède et vibrante d'un chat. »
**GUY DE MAUPASSANT**

« Selon moi, il n'y a dans le monde animal rien de plus charmant que des chats en train de jouer. Ils sont si rapides, légers et gracieux, si rusés et intrigants et encore si richement joyeux. »
**MONICA EDWARDS**

« Le chien a beau être une prose magnifique, seul le chat est poésie. »
**PROVERBE FRANÇAIS**

« J'ai vu le plus beau des chats
aujourd'hui.
Il était assis sur le côté de la route,
ses deux pattes avant jointes
avec grâce.
Puis, dans une élégance pleine
de gravité, il s'est lové sur lui-même,
enroulant sa queue autour de
lui-même. Ce geste était tellement
approprié, d'une adresse pleine
de beauté, d'autosatisfaction
et de complaisance ! »

**ANN MORROW LINDBERGH**

« Dans sa grâce sans défaut
et son sens supérieur de l'indépendance,
j'ai vu un symbole de la beauté parfaite
et la perfection insipide de l'univers
lui-même, et c'est dans son air de silence
mystérieux que résident pour moi toutes
les merveilles et la fascination
de l'inconnu. »

**HOWARD PHILLIPS LOVECRAFT**

« Qu'est-ce qui est le plus beau? Le mouvement du félin ou son calme? »

**ELIZABETH HAMILTON**

« Les pattes de chat font oublier leur existence ; on n'a jamais entendu dire qu'elles aient fait du bruit par maladresse, où qu'elles aillent. Les chats se déplacent aussi silencieusement que s'ils foulaient de l'air ou que s'ils marchaient sur des nuages. Leur pas est doux comme le bruit d'un gong en pierre qu'on frappe dans l'eau, doux comme le son d'une harpe chinoise au fond de quelque caverne. Leur marche est parfaite comme l'intuition profonde et indescriptible des plus hautes vérités spirituelles. »

**NATSUME SOSEKI**

# PARCE QUE MOI AUSSI, JE PENSE À VOUS...

“Aimez sans mesure,
Aimez sans peur,
Aimez sans cacher,
Aimez comme au premier jour,
Comme s'il était le dernier.
Aimez sans réserve,
Aimez sans pudeur,
Aimez à en crever,
Aimez même si vous êtes seul-e,
Même seul-e à vouloir aimer.”

**ZIGGY**

# LA LIBERTÉ ET L'INDÉPENDANCE DU CHAT

« Le plus sauvage de tous était le Chat.
Il se promenait seul et tous les lieux
se valaient pour lui. »

**RUDYARD KIPLING**

« Les chats savent très bien qui les
aime et qui ne les aime pas, mais s'en
soucient trop peu pour y remédier. »

**WINIFRED CARRIÈRE**

« De toutes les créatures de Dieu,
il n'y en a qu'une qu'on ne mène
pas à la baguette : c'est le chat ! »

**MARK TWAIN**

« Le chat n'est pas tenu de vivre selon
les lois du lion. »

**SPINOZA**

« Rien au monde ne pourrait
retenir les chats un instant
de plus dans un lieu dont
ils voudraient s'éloigner. »

**GEORGES LOUIS LECLERC DE BUFFON**

« Les chats n'aiment pas tout
ce qui a l'air sujétion et tiennent
apparemment à cette indépendance
dans laquelle ils sont nés. »

**PAUL SCARRON**

« On ne possède pas un chat,
on l'entretient. »

**HOWARD PHILLIPS LOVECRAFT**

« Jamais vous n'en serez les maîtres.
Qu'on lui ferme la porte au nez,
il reviendra par les fenêtres. »
**JEAN DE LA FONTAINE**

« Un chat ne voit pas quelle raison
il aurait d'obéir à un autre animal,
fût-il sur deux pattes. »
**HUNTER STOCKTON THOMSON**

« Il est chat, donc libre. »
**GILBERT BORDES**

« Quand on est chat,
on est celui qui va tout seul
et pour qui tous les chemins
se valent. »
**JACQUES ROUBAUD**

« Je préfère être un chat errant qui jouit de sa pleine liberté que d'être un lion dans une cage. »

**MOFADDEL ABDERRAHIM**

« J'aime dans le chat ce caractère indépendant et presque ingrat qui le fait ne s'attacher à personne, et cette indifférence avec laquelle il passe des salons à ses gouttières natales. »

**FRANÇOIS-RENÉ DE CHATEAUBRIAND**

« Le problème avec un chaton, c'est que finalement il devient un chat. »

**OGDEN NASH**

« Au milieu d'un monde
qui a toujours été un peu fou,
le chat marche avec confiance. »

**ROSANNE AMBERSON**

« Comme chaque propriétaire
de chat le sait, le chat n'est la propriété
de personne. »

**ELLEN BERKELEY**

« Ce qui est vraiment bien chez les
chats, c'est leur infinie variété. On peut
choisir un chat pour se fondre dans
n'importe quel environnement, couleur,
dessin, revenu, personnalité, humeur.
Mais sous sa fourrure, quelle que soit
sa couleur, il demeure essentiellement
inchangé, une des âmes libres de
l'univers. »

**ERIC GURNEY**

# PARCE QUE MOI AUSSI, JE PENSE À VOUS…

“L’amour a ceci de beau qu’il donne à la vie sa seule raison d’être…”

**ZIGGY**

# LE CHAT EST-IL SUPÉRIEUR À L'HOMME ?

« C'est un honneur que de peindre des chats. »

**OLIVER JOHNSON**

« Hautain, libre, mystérieux, voluptueux, babylonien, impersonnel, il est l'éternel compagnon de la supériorité et de l'art. »

**HOWARD PHILLIPS LOVECRAFT**

« Pour garder une bonne perspective de sa propre importance, chaque personne devrait avoir un chien qui l'adore et un chat qui l'ignore. »

**CHRISTIAN BOBIN**

« Autre supériorité du chat
sur l'homme : il ne parle pas. »
**LOUIS NUCERA**

« Avec les qualités de propreté,
d'affection, de patience, de dignité
et de courage que possèdent les chats,
combien d'entre nous, je vous
le demande, pourraient devenir
des chats ? »
**FERNAND MÉRY**

« Nous aimons les animaux, parce qu'ils
ne mentent pas. C'est pour cela que
l'homme les a mis en esclavage :
ils lui rappelaient la vérité. »
**HENRY DE MONTHERLANT**

« Les chats sont des maîtres
bienveillants aussi longtemps
que vous restez à votre place. »

**PAUL GRAY**

« Peut-être est-il plus facile à un chat
d'éduquer un homme qu'à un homme
d'éduquer un chat.
En effet, un chat décidé à vivre avec
des êtres humains s'emploie aussitôt
à faire en sorte que cette espèce
soi-disant supérieure se comporte
à son égard de façon appropriée. »

**CARL VAN VECHTEN**

« Le chat reste toujours un peu
au-delà des limites que, dans notre
folie aveugle, nous essayons
de lui donner. »

**ANDRE NORTON**

« Les chats furent créés dans notre
monde pour réfuter le dogme
que toutes choses furent créées pour
servir l'homme. »
**FROQUEVIELLE**

« J'ai remarqué que ce que les chats
préfèrent dans l'être humain
n'est pas son habilité à les nourrir,
ce qu'ils trouvent normal,
mais le fait qu'il soit distrayant. »
**GEOFFREY HOUSEHOLD**

« Les chats sont les seuls êtres vivants
à se savoir égaux aux hommes. »
**JULIE GARDINER**

« Dieu créa l'homme uniquement dans le but de servir le chat, de lui servir d'esclave jusqu'à la fin des temps. »

**JACQUES STERNBERG**

« Dans une certaine mesure, le chat pourrait être un autre moi-même ou, mieux, comme un maître, un modèle. »

**BÉATRIX BECK**

« Les chats ont tout. L'admiration, un sommeil sans fin, et de la compagnie quand ils le veulent. »

**ROD MCKUEN**

« On m'a dit que l'entraînement
avec les chats était difficile.
Ça ne l'est pas. Le mien m'a entraîné
en deux jours. »

**BILL DANA**

« Les gens qui ont des chats sont
différents au point qu'ils sont
généralement non conformistes.
Comment le pourraient-ils,
avec un chat qui règle leur vie ? »

**LOUIS J. CAMUTI**

# PARCE QUE MOI AUSSI, JE PENSE À VOUS…

“Quand on aime,
On ne conte pas…
Il était une fois…”

**ZIGGY**

# LE CHAT EST ENTIER, HONNÊTE

« Le chat ne pense pas ; pourtant
il a l'air aussi profond que s'il pensait. »

**JULES RENARD**

« Lorsqu'un chat accorde sa confiance
à un homme, c'est sa plus belle
offrande. »

**CHARLES DARWIN**

« Le chat est l'honnêteté absolue :
les êtres humains cachent pour une
raison ou une autre leurs sentiments,
les chats non. »

**ERNEST HEMINGWAY**

« La principale différence
entre un chat et un mensonge,
c'est que le chat n'a que neuf vies. »

**MARK TWAIN**

« Le chat se contente d'être,
c'est le verbe qui lui va le mieux. »
**LOUIS NUCERA**

« Les chats suivent le principe
selon lequel on ne blesse personne
à demander ce que l'on veut. »
**JOSEPH WOOD KRUTCH**

« À fréquenter le chat, on ne risque
que de s'enrichir. Serait-ce par calcul
que depuis un demi-siècle je recherche
sa compagnie ? »
**SIDONIE-GABRIELLE COLETTE**

« Son amitié n'est pas facile
à gagner, mais c'est quelque chose
de précieux à posséder. »
**MICHAEL JOSEPH**

« En ronronnant, le chat se livre corps et âme. »

**JEAN-LOUIS HUE**

« Créatures de Dieu, frères et sœurs de l'homme, signifiants de la sagesse divine. »

**PAUL CLAUDEL**

« Aucune faveur ne peut gagner la gratitude du chat. »

**JEAN DE LA FONTAINE**

« Un chat ne sourit jamais, et pourtant, c'est ce qu'il préfère. »

**JEAN L'ANSELME**

« Sa majesté le chat ne se vautre pas dans la boue. Les mensonges et les manipulations sont hors de sa portée. »

**AUDRAY GAILLARD**

« Le chat est muni d'un esprit fier, et le plus sûr moyen de perdre l'estime d'un chat est de le traiter en être inférieur. »

**MICHAEL JOSEPH**

# PARCE QUE MOI AUSSI, JE PENSE À VOUS...

“Sans jamais,
Il n’est pas de toujours,
Sans peut-être,
Il n’est pas de magie,
Offrir un baiser,
C’est prendre le risque qu’on
se joue,
Comme celui de l’envoûtement
qui rend fou,
C’est prendre le risque...
Mais qu’est-ce d’autre
l’amour?”

**ZIGGY**

# ZÉNITUDE ET SAGESSE DU CHAT

« Le silence des chats est contagieux. »
**ANNY DUPEREY**

« Il y a ici un vieux chat qui ne joue plus, qui ne fait plus le gros dos et qui se sauve quand il voit un enfant : voilà l'expérience. »
**EDMOND ET JULES DE GONCOURT**

« Les chats se plaisent dans le silence, l'ordre et la quiétude. »
**THÉOPHILE GAUTIER**

« Les chats baillent parce qu'ils se rendent compte qu'il n'y a rien à faire. »
**JACK KEROUAC**

« Le chat porte
la robe mais ne
juge pas. »
**LOUIS NUCERA**

« Si les chats pouvaient parler,
ils ne le voudraient pas. »
**NAN PORTER**

« Les chats apaisent l'âme. Un chat
n'a aucun souci, parce qu'il pense de
manière intuitive. »
**PÅL GERHARD OLSEN**

« J'ai beaucoup étudié les philosophes
et les chats. La sagesse des chats est
infiniment supérieure. »
**HIPPOLYTE TAINE**

« J'aime bien les chats, ils réfléchissent et ils le gardent pour eux. »

**JEAN-MARIE GOURIO**

« De tous les animaux, seul le chat atteint une vie contemplative. Tout comme le Bouddha, il regarde la roue de l'existence de l'extérieur. »

**ANDREW LANG**

« Au plus profond de nous, nous sommes tous motivés par les mêmes urgences. Les chats ont le courage de vivre sans s'en préoccuper. »

**JIM DAVIS**

« Un chat qui dort vingt heures
sur vingt-quatre, c'est peut-être
ce que Dieu a fait de plus réussi. »

**JULES RENARD**

« J'ai vécu avec plusieurs maîtres zen.
Tous des chats. »

**ECKHART TOLLE**

« J'aime le vide intense et profond de
son regard, l'intensité, la profondeur
vide de ses yeux, cette plénitude d'un
rien qui est peut-être de l'inconnu. »

**CLAUDE MAURIAC**

« L'idéal du calme est
dans un chat assis. »

**JULES RENARD**

« Je ne connais rien de comparable au silence pensif des chats. Il emplit l'atmosphère d'une qualité très particulière. Pour peu que l'on veuille bien s'arrêter un moment pour être à l'unisson avec lui, ce silence devient contagieux. On le voit, lui, le chat, éveillé et ailleurs, son beau regard fixé devant lui. On s'assoit là, la main posée sur son dos. Le temps soudain suspendu, on se prend, l'œil perdu dans le vague, à laisser errer son esprit, doucement. Puis, tout à coup, un blanc, une bulle de néant vous a saisi et vous ne savez combien de minutes vous êtes resté là, et où vos pensées sont allées divaguer sans contrôle. Puis on revient à la réalité, celle du temps compté, de l'ordre, du raisonnement, on s'éveille comme d'un petit voyage. Où était-on? On ne saura pas dans quelle part de soi informulée, inconnue, le rêve du chat nous a entraîné… »

**ANNY DUPEREY**

« Vous ne pouvez regarder un chat endormi et être tendu. »

**JANE PAULEY**

« Ils prennent, en songeant, les nobles attitudes des grands sphinx allongés au fond des solitudes, qui semblent s'endormir dans un rêve sans fin. »

**CHARLES BAUDELAIRE**

« Il est plus que probable que c'est le chat qui a le premier établi et mis en pratique ce sage avis : "Si tu veux qu'une chose soit bien faite, tu dois la faire toi-même." »

**LAWRENCE N. JOHNSON**

« La sagesse du chat est exemplaire car elle combine la passion la plus intense avec l'indifférence la plus calme. Immobile, il planifie son bond et l'exécute avec précision ; la force de ses muscles fait pendant à leur relâchement au repos ; pendant son sommeil, il s'abandonne comme un enfant, mais son instinct reste en alerte ; il peut tomber sans danger car il ne se crispe pas ; chasser et se battre sont pour lui des jeux de pur plaisir ; il chasse avec obstination et joue sans but ; il est toujours prêt à attaquer avec hostilité et à se défendre sans peur ; indifférent à la victoire il ne peut pas ressentir la défaite.
La sérénité naît de l'indépendance. »

**ISHA SCHWALLER DE LUBICZ**

# PARCE QUE MOI AUSSI, JE PENSE À VOUS…

“La beauté du langage
retrace-t-elle toujours
la pensée du sage.”

**ZIGGY**

# LES CHATS SONT-ILS DES DIEUX ?

« Les chats ont pris leur existence
comme une donnée de la Création. »
**FRANZ KAFKA**

« Si je meurs avant mon chat, je veux
que l'on répande un peu de mes
cendres sur sa nourriture afin que je
puisse vivre en lui. »
**DREW BARRYMORE**

« La différence entre un chien
et un chat, le chien pense :
ils me nourrissent, ils me protègent,
ils doivent être des dieux.
Le chat pense : ils me nourrissent,
ils me protègent, je dois être un dieu. »
**IRA LEWIS**

« Je voudrais que le pape vive dans
une petite villa avec deux chats. »

**GUY GILBERT**

« Au commencement,
Dieu créa l'homme, mais le voyant
si faible, il lui donna le chat. »

**WARREN ECKSTEIN**

« La façon dont vous vous comportez
ici-bas avec les chats détermine
votre avenir dans les cieux. »

**ROBERT ANSON HEINLEIN**

« Les chats ne sont pas superflus,
ce sont des dons précieux de Dieu. »

**GRÉGOIRE Ier**

« Il y a des milliers d'années, les chats
étaient vénérés comme des dieux.
Ils ne l'ont jamais oublié. »

**ALFRED NORTH WHITEHEAD**

« Tu es le grand Chat,
Le vengeur des dieux,
Le juge des paroles,
Le président des chefs souverains
Et le gouverneur du cercle sacré.
C'est bien toi… le grand Chat. »

**INSCRIPTION**
**SUR LES TOMBES ROYALES À THÈBES**

« Dans chaque chat se cache
un ange gardien. »

**ANONYME**

« Notre caractère est ce que Dieu
et les chats connaissent de nous. »
**THOMAS PAINE**

« Ce sont des êtres sacrés,
inaccessibles. Des dieux. »
**FRÉDÉRIQUE HÉBRARD**

# PARCE QUE MOI AUSSI, JE PENSE À VOUS…

“Accoudé au balcon de nos désirs, les yeux plantés dans le ciel ou rivés sur l'horizon, nous écoutons une musique qui nous porte au loin, sans parfois nous rendre compte qu'elle vient du jardin…
La sarabande d'un clandestin de l'amour dont on ignorait, jusque-là, la présence.”

**ZIGGY**

# DES ÉCRIVAINS ET DES CHATS

« Je souhaiterais pouvoir écrire aussi mystérieux qu'un chat. »
**EDGAR ALLAN POE**

« À l'espèce chat, je suis redevable d'une certaine sorte, honorable, de dissimulation, d'un grand empire sur moi-même, d'une aversion caractérisée pour les sons brutaux et du besoin de me taire longuement. »
**SIDONIE-GABRIELLE COLETTE**

« Si le chat prend possession de la feuille alors que son maître est occupé à la couvrir de mots, il faut obtempérer. C'est le signe que ce n'était pas fameux et que ce qui allait venir serait pire. »
**BERNARD PIVOT**

« Les chats se plaisent dans le silence,
l'ordre et la quiétude, et aucun
endroit ne leur convient mieux
que le cabinet du littérateur. »
**THÉOPHILE GAUTHIER**

« Si vous voulez écrire,
ayez des chats. »
**ALDOUS HUXLEY**

« Les écrivains aiment
les chats parce que ce sont des
créatures tranquilles, aimables,
sages, et les chats aiment les écrivains
pour les mêmes raisons. »
**JIM DAVIS**

« Si vous voulez écrire des nouvelles d'ordre psychologique au sujet des êtres humains, la meilleure chose à faire est d'avoir une paire de chats. »
**ALDOUS HUXLEY**

« Pour l'écrivain, le chat est un compagnon dangereux parce que son regard est un moyen quasi parfait pour empêcher d'écrire. »
**DAN GREENBERG**

« Tous les chats parlent français. »
**SIDONIE-GABRIELLE COLETTE**

« C'est un petit chat noir, effronté
comme un page.
Je le laisse jouer sur ma table, souvent.
Quelquefois il s'assied sans faire de
tapage,
On dirait un joli presse-papiers
vivant. »

**EDMOND ROSTAND**

« Ce n'est pas une plaisanterie, les rats se sont emparés de la Bibliothèque royale et en mangent tous les livres. On parle de remplacer les conservateurs par des chats. Mais que vont devenir les auteurs contemporains qui font des livres nouveaux en copiant les anciens ? »

**ALPHONSE KARR**

« La littérature est du côté des chats. »
**BERNARD PIVOT**

« Les gens ignorants pensent que c'est le bruit que font les chats qui se battent qui est aussi agaçant. Mais ce n'est pas vrai, c'est la grammaire écœurante qu'ils utilisent. »
**MARK TWAIN**

« C'est un imbécile et un malade, mais c'est mon maître. Il y a des poètes qui font grand cas de la reconnaissance due à celui qui leur permet de manger, même un chat peut alors penser à son maître. »
**NATSUME SOSEKI**

« Dès que je suis prêt à travailler,
le chat saute du bureau et s'installe
sur ma feuille blanche.
Vous me demandez comment j'écris ?
En fait, j'écris autour du chat. »

**ANDRÉ MALRAUX**

« Les chats ont de la veine : l'obscurité
ne les empêche pas de lire. »

**LOUIS SCUTENAIRE**

« Les chats offrent aux écrivains
quelque chose que les humains ne
savent pas offrir : une compagnie qui
n'est ni revendicative ni dérangeante,
et qui est aussi apaisante et
changeante qu'une mer très calme. »

**PATRICIA HIGHSMITH**

« Un écrivain sans chat est inconcevable. C'est vraiment une pratique perverse car il est plus facile d'écrire avec un troupeau de bisons dans la pièce qu'avec même un seul chat, ils font leur nid dans les notes et mordent l'extrémité du stylo et marchent sur les touches de la machine à écrire. »

**BARBARA HOLLAND**

« J'aimerais mieux être un chat et crier miaou que d'être un de ces faiseurs de ballades. »

**WILLIAM SHAKESPEARE**

« J'ai une adorable maîtresse toute blanche qui s'appelle Neige. C'est une chatte de race, jolie, et que j'embrasse tout le jour sur son nez rose. Elle efface mes écrits avec sa queue, se promenant sur la table pendant que j'écris. »

**STÉPHANE MALLARMÉ**

« S'il m'arrive de m'asseoir pour écrire, alors très délicatement, très tendrement, dans une recherche de protection et de caresses, il s'installe doucement sur mes genoux et suit les allers et retours de mon stylo, effaçant parfois d'un coup accidentel de sa queue les lignes dont il désapprouve la teneur. »

**PIERRE LOTI**

# PARCE QUE MOI AUSSI, JE PENSE À VOUS...

“Je, tu, il... vous...
Il y a nous,
Il y a tout.”

**ZIGGY**

# LE CHAT AU QUOTIDIEN : QUE DU BONHEUR !

« Le ronronnement est le sourire
du chat. »
**HECTOR BIANCOTTI**

« Quelque chose bouge
Au milieu des herbes rousses
L'oreille d'un chat. »
**KYOSHI TAKAHAMA**

« Quand je réveille mon chat, il a l'air
reconnaissant de celui à qui l'on donne
l'occasion de se rendormir. »
**YVAN AUDOUARD**

« Le temps passé avec un chat
n'est jamais perdu. »
**SIDONIE-GABRIELLE COLETTE**

« Chat câlin, maître serein,
chat lointain, maître chagrin. »
**DIDIER HALLÉPÉE**

« Le bonheur, c'est comme un chat,
si vous essayez de le cajoler, il vous fuit,
si vous ne vous occupez pas de lui, il
vient se frotter contre vos jambes et
saute sur vos genoux. »
**ROBERTSON DAVIES**

« Peu de choses dans la vie
sont aussi réconfortantes que
d'être accueilli par un chat. »
**TAY HOHOFF**

« Le chat ne nous caresse pas,
il se caresse à nous. »
**ANTOINE DE RIVAROL**

« Une des expressions du bonheur du chat, c'est la sieste. »

**CLEVELAND AMORY**

« J'aime le lit, c'est le seul endroit où, comme le chat, je puis faire le mort en respirant tout en étant vivant. »

**ARTHUR CRAVAN**

« Le chaton qui joue, avec ses cabrioles de joli petit tigre, est infiniment plus amusant que la moitié des gens avec lesquels on est obligé de vivre en ce monde. »

**LADY SYDNEY MORGAN**

« S'il y a une tache de soleil sur le sol, le chat va la trouver et s'y tremper. »

**JOAN ASPER MCINTOSH**

« Seulement observer mes chats peut me rendre heureux. »

**PAULA COLE**

« La plupart des lits peuvent abriter jusqu'à six chats. Dix chats si l'on enlève les propriétaires. »

**STEPHEN BAKER**

« Les chats, tout comme les roses, ne griffent que ceux qui ne savent pas les prendre. »

**ANONYME**

« Comment traite-t-on un chat furieux ? Avec le plus grand respect. »

**JIM DAVIS**

« Un chat viendra si vous l'appelez –
s'il n'a rien de mieux à faire. »

**BILL ADLER**

« Les chats perçoivent exactement
le moment où vous êtes plongé dans
une intense concentration et viennent
se placer juste entre elle et vous. »

**ARTHUR BRIDGES**

« Un chat est toujours du
mauvais côté de la porte. »

**ANONYME**

« Le problème de partager le lit
de quelqu'un avec des chats est
qu'ils préfèrent dormir sur vous
plutôt qu'à côté. »

**PAM BROWN**

« J'habite chez mes chats et
je paie le loyer. »

**BRUNO MASURE**

« Les chats savent très exactement
où s'installer pour être le plus gênants
possible. »

**MICHAEL STEVENS**

« Un chat vous permettra de dormir
dans votre lit, mais sur le bord ! »

**JAN DE VRIES**

« Les chats aiment que
les portes restent ouvertes,
au cas où ils changeraient d'avis. »

**ROSEMARY NISBET**

« Il n'y a pas de bouton de mise en veille sur un chat qui réclame son repas. »

**ANONYME**

« Dès qu'on a commencé à caresser le dos d'un chat, on n'a plus le droit de s'arrêter! »

**WITOLD GOMBROWICZ**

« Les chatons ont les yeux écarquillés,
ils sont doux et gentils.
Avec des aiguilles dans leurs mâchoires et dans leurs pieds. »

**PAM BROWN**

« Ne portez jamais rien qui fait s'affoler le chat. »

**PATRICK JAKE O'ROURKE**

« Il n'y a pas besoin de montrer à un chat comment se payer du bon temps car ils sont d'un génie à toute épreuve à cet égard. »

**JAMES MASON**

« Celui qui croit que le protocole est sans importance n'a jamais eu affaire à un chat. »

**FRÉDÉRIQUE HÉBRARD**

# PARCE QUE MOI AUSSI, JE PENSE À VOUS...

“Ce que pourrait être la vie, simplement : Côtoie ceux que tu aimes, dis-leur que tu les aimes, fais ce qui t'épanouit, cherche ton équilibre entre ce que tu aimes et ce que tu dois faire, respecte la différence et cultive-la comme une connaissance.”

**ZIGGY**

# IRONIE ET HUMOUR SUR LES CHATS

« Le chat n'est plus sur grand-mère, elle doit probablement être froide. »
**PIERRE DESPROGES**

« La nuit tous les chats sont gris mais les chattes, il n'y en a aucune de pareille. »
**PIERRE PERRET**

« Le chat est comme la sauce bolognaise,
il retombe toujours sur ses pâtes. »
**PHILIPPE GELUCK**

« Si je préfère les chats aux chiens, c'est parce qu'il n'y a pas de chat policier. »
**JEAN COCTEAU**

« Mieux vaut élever son esprit
que des chats siamois. »

**FRANCIS BLANCHE**

« Les patrons sont comme les chats
dans une litière. Instinctivement,
ils remuent tout pour cacher ce qu'ils
ont fait. »

**SCOTT ADAMS**

« Avec l'expression “avoir d'autres
chats à fouetter”, assez bizarrement,
la SPA n'a jamais déposé plainte. »

**DAMIEN CAILLAUD**

« Les chats voient clair la nuit,
mais ça ne leur sert à rien.
Les chattes voient clair aussi. »

**FRANÇOIS CAVANNA**

« Les chats n'adoptent pas les gens.
Ils adoptent les réfrigérateurs. »
**SOLOMON SHORT**

« Le vrai superstitieux, c'est celui
qui est persuadé que passer sous
un chat noir porte malheur. »
**JEAN-LOUP CHIFLET**

« Quand des chatons naissent
dans un coffre à linge, ça ne fait pas
automatiquement d'eux des
chaussettes. »
**TERRY GOODKIND**

« La loi selon Garfield :
les chats connaissent instinctivement
le moment précis où leur maître va
se réveiller... C'est pourquoi ils les
réveillent juste dix minutes avant. »
**JIM DAVIS**

« On dit : la nuit tous les chats sont gris.
Faux : tous les chats dorment ! »

**PATRICK TIMSIT**

« Si les animaux avaient une âme,
il y aurait des aumôniers dans
les abattoirs. »

**PHILIPPE GELUCK**

« Les souris ne sont pas
superstitieuses, parce qu'elles savent
très bien qu'elles peuvent aussi se faire
manger par un chat blanc. »

**PATRICK SÉBASTIEN**

« Alors que le reste de la race
humaine descend du singe,
les roux descendent du chat. »

**ROBERT ANSON HEINLEIN**

« Il n'y a pas de preuve que la puce qui vit sur la souris craigne le chat. »

**HENRI MICHAUX**

« Les vrais sanctuaires de chats, c'est à Paris qu'on les trouve : ce sont les loges des concierges. »

**PAUL MORAND**

« Si les chats étaient plus sympas avec les souris, les souris n'auraient plus peur des chats. Et ce serait vachement plus facile de les attraper. »

**PHILIPPE GELUCK**

« Le chat est le seul animal domestique que je connaisse qui se nettoie l'arrière-train lui-même et en fasse un boulot sacrément impressionnant. »

**JOSEPH EPSTEIN**

« Entre chien
et loup, tous les chats sont gris. »
**YVAN AUDOUARD**

« Le chat : automate moelleux fourni
par la nature pour recevoir
des coups de pied quand les choses
se gâtent dans le cercle de famille. »
**AMBROSE BIERCE**

« Il y a des esprits qui ne s'animent et
brillent que lorsqu'ils sont excités par
la contradiction, comme les chats qu'il
faut frotter à rebrousse-poil pour en
tirer des étincelles électriques. »
**ADOLPHE PICTET**

« Poisson rouge : animal de compagnie qui, par rapport au chat, présente l'avantage de moins s'acharner sur les rideaux du salon. »

**MARC ESCAYROL**

« Ne laissez pas les chats vous convaincre que les bonnets péruviens vous vont bien ! »

**GILLES LEGARDINIER**

« Il est très difficile de trouver un chat noir dans une pièce sombre, surtout s'il n'y est pas. »

**STÉPHANE BELLOC**

« Je possède un chat persan. Je suis possédé par un chat persan, pardon. Indépendance et fierté, le chat n'est que noblesse. Surtout les persans, qui se prennent tous pour LE chat. J'ai su tempérer la sublime arrogance du mien : je lui ai coupé la queue, je l'ai tondu comme un caniche (la fraise et les pattes à pompon) et je l'ai fait dormir dans le frigo pour lui raidir un peu la démarche. Il a gagné en humilité ce qu'il a perdu en grâce : depuis que le berger allemand le sodomise dans sa sciure, sa majesté féline à la couronne un peu penchée. »

**PIERRE DESPROGES**

« Comment peut-on vivre avec un chat empaillé ? C'est le comble du mauvais goût. »

**ZOÉ VALDÉS**

« Violon : instrument destiné à chatouiller l'oreille par le frottement de la queue d'un cheval sur les boyaux d'un chat. »

**AMBROSE BIERCE**

« Il ne faut pas réveiller le chat qui dort : il vous demandera à bouffer. »

**PIERRE PERRET**

« L'autre jour, j'ai fait la toilette de mon chat… Il a aimé ça. Il s'est assis, il y a pris plaisir, ça m'a amusé. Les poils ont collé à ma langue, mais à part ça… »

**STEVE MARTIN**

« Chez les chats, l'avenir appartient à celui qui se lèche tôt. »

**ANONYME**

« Certains disent que les chats sont sournois, diaboliques et cruels. C'est vrai, et ils ont également beaucoup d'autres qualités appréciables. »

**MISSY DIZICK**

« Chat tigré : la seule race de chats qu'on peut acheter en supermarché, car leur code-barres intégré facilite le passage en caisse. »

**MARC ESCAYROL**

« Ça ne porte pas malheur si tu passes au-dessous d'un chat noir, mais il n'y a presque personne qui le sait. »

**PIERRE LÉGARÉ**

« Les chats sont des créatures très délicates et ils sont à la merci de plusieurs sortes de maladies. Mais je n'ai jamais entendu parler qu'une de ces créatures souffrait d'insomnie. »

**JOSEPH WOOD KRUTCH**

« Chat : un lion pygmée qui aime les souris, qui déteste les chiens et qui patronne les êtres humains. »

**OLIVER HERFORD**

# PARCE QUE MOI AUSSI, JE PENSE À VOUS...

“ Parfois, quand je me promène dans les parcs, je me demande qui, du maître ou du chien, tient la laisse, et qui rattrape la balle ! ”

**ZIGGY**

# NOBLESSE DU CHAT

« Le chat est
un dilettante
en fourrure. »
**THÉOPHILE GAUTIER**

« La curiosité est la base essentielle de l'éducation, et si vous me dites que la curiosité a tué le chat, je vous répondrai simplement que le chat est mort avec noblesse. »
**ARNOLD EDINBOROUGH**

« Le véritable gentleman est celui qui appelle toujours un chat un chat. Même lorsqu'il trébuche dessus et qu'il tombe. »
**MARCEL ACHARD**

« Les gens qui aiment les chats évitent
les rapports de force. »
**ANNY DUPEREY**

« Un chat a besoin d'un nom bien
précis, d'un nom spécifique et
suffisamment solennel, sinon,
comment pourrait-il lever la queue
bien droite, ou épanouir sa moustache,
ou entretenir son orgueil ? »
**THOMAS STEARNS ELIOT**

« Les chats de gouttière,
même les plus loqueteux,
sont toujours nobles.
Ils n'ont rien à prétendre.
Ils sont chats… et tout est dit. »
**FRÉDÉRIC VITOUX**

# PARCE QUE MOI AUSSI, JE PENSE À VOUS…

“ Pour me comprendre, n’oubliez jamais qu’à votre image, le poisson ne sait pas qu’il vit dans l’eau… ”

**ZIGGY**

# DES HOMMES ET DES CHATS

« Le temps passé avec des chats
n'est jamais perdu. »
**SIGMUND FREUD**

« J'ai donné ma jeunesse et ma beauté
aux hommes ; je donne ma sagesse
et mon expérience aux animaux. »
**BRIGITTE BARDOT**

« On n'a pas deux cœurs,
l'un pour l'homme, l'autre pour
l'animal...
On a du cœur ou on n'en a pas. »
**ALPHONSE DE LAMARTINE**

« Une fois ses enfants mariés, la mère
s'occupe en élevant des chats. »
**AHMAD BAHGAT**

« Les gens qui aiment les chats
sont souvent frileux. »
**ANNY DUPEREY**

« On ose me demander à moi
qui ai un chien, un chat, une tortue,
deux enfants, une femme
et plusieurs belles-mères si j'aime
les animaux. »
**YVAN AUDOUARD**

« La haine du chat reflète un esprit
laid, stupide, rustre, fanatique.
Il ne peut y avoir de compromis
avec cet Esprit Laid. »
**WILLIAM BURROUGHS**

« La clé d'une relation réussie entre
le chat et l'homme est la patience. »
**SUSAN EASTERLY**

« Le chat pourrait très bien être
le meilleur ami de l'homme mais
il ne daignerait jamais le reconnaître. »
**DOUG LARSON**

« J'ai un bon moyen pour juger
mes employeurs : ils sont civilisés
s'ils ont un chat sur le canapé
et un ourson sur le lit. »
**CONCHA SUARES**

« Ceux qui haïssent les chats
reviendront leur vie suivante sous
forme de souris. »
**FAITH RESNICK**

« Il n'y a point d'homme
pour l'homme : nous vivons aux aguets
les uns des autres, comme fait
le chat de la souris. »

**MATEO ALEMÁN**

« La vie, c'est la vie. Aussi bien
chez le chat, le chien ou l'homme.
Il n'y a pas de différence entre le chat
et l'homme. L'idée d'une différence
est une conception humaine pour
le propre avantage de l'homme. »

**SRI AUROBINDO**

« Le nom d'un chat en dit plus
sur son propriétaire que sur le chat. »

**LINDA W. LEWIS**

« Je préfère les chiens aux chats
et tous les félins me le rappellent
au premier regard, un regard perçant
et rancunier. »

**JAMES THURBER**

« J'ai dû avoir au moins 300 chats
et 150 chiens. Pas tous à la fois.
Mais ma moyenne, c'était une trentaine
de chats et une douzaine de chiens. »

**PAUL LÉAUTAUD**

« L'homme a besoin de quatre choses :
de la nourriture, un abri, un chat,
un chat étrange. »

**JAY MCINERNAY**

« J'ai eu au moins 100 chats,
ou plutôt, comme disait Michelet,
cent chats m'ont eu. »

**PAUL MORAND**

« Dumas se plaisait à entretenir une vraie ménagerie : le coq César, le chat Mysouf, le vautour Jugurtha, sans compter les singes. Je déteste les bêtes, disait-il, mais j'adore les animaux. »

**LOREDAN LARCHEY**

« Peu importe que le chat soit gris ou noir pourvu qu'il attrape les souris. »

**DENG XIAOPING**

« Ceux qui ne sont pas prêts à gâter
un chat ne pourront pas obtenir
de lui la récompense qu'il destine
à ceux qui les gâtent. »
**SIR COMPTON MACKENZIE**

« Je ne peux pas nier que
l'amoureux des chats et son chat
ont une relation maître-esclave.
Le maître, c'est le chat. »
**ARTHUR R. KASSIN**

« Les chats considèrent les gens
comme des meubles à sang chaud. »
**JACQUELYN MITCHARD**

« Celui qui est impitoyable envers
les animaux devient aussi violent
dans ses rapports avec les hommes.
Nous pouvons juger le cœur
d'un homme par sa manière de traiter
les animaux. »

**EMMANUEL KANT**

« Bien ensemble,
maman et la Bonne Mère ?...
Comme chien et chat, oui ! »

**PIERRE LOTI**

« L'homme se plaint-il de vivre !
N'a-t-il pas des mains pour caresser
la fourrure des chats ! »

**THÉOPHILE GAUTIER**

« S'il n'existe pas un paradis
pour hommes, il en existe sûrement
un pour les chats.
Pourquoi ? Car le chat est le seul être
qui n'a jamais attrapé le virus de la
bêtise des hommes. »

**ANONYME**

« Afin de comprendre le chat, vous
devez réaliser qu'il possède ses talents
propres, son point de vue singulier
et même sa morale personnelle. »

**LILIAN JACKSON BRAUN**

« Pour un chat perdu, c'est l'homme
qui est trouvé. »

**TENNESSEE WILLIAMS**

« Nos parfaits compagnons
n'ont jamais moins de quatre pieds. »
**SIDONIE-GABRIELLE COLETTE**

« Il est difficile de comprendre pourquoi
les gens ne réalisent pas que les
animaux domestiques sont des dons
à l'humanité. »
**LINDA BLAIR**

« La cause des animaux passe
avant le souci de me ridiculiser. »
**ÉMILE ZOLA**

« Si un homme aime les chats, je suis
son ami et camarade,
sans autre forme d'introduction. »
**MARK TWAIN**

« Si l'attrait du monde extérieur est fort, il y a aussi l'attrait de l'être humain. Le chat peut disparaître et vaquer à ses propres affaires, mais tôt ou tard il revient pour un petit moment pour nous accueillir affectueusement à sa manière. Indépendant comme il est, le chat trouve plus que du plaisir en notre compagnie. »

**LLOYD ALEXANDER**

# PARCE QUE MOI AUSSI, JE PENSE À VOUS...

“Je pense à toi chaque jour, chaque instant, même trop... C’est bien ainsi...”

**ZIGGY**

# POSITION ET IMPORTANCE DU CHAT DANS LE MONDE

« Au commencement était le chat... »
**FRÉDÉRIQUE HÉBRARD**

« Les chiens vous regardent tous
avec vénération.
Les chats vous toisent tous
avec dédain.
Il n'y a que les cochons qui vous
considèrent comme leurs égaux. »
**WINSTON CHURCHILL**

« N'empêche, si les dictateurs et
généraux du monde avaient un chat
endormi sur les genoux, je serais plus
tranquille. »
**GASTON LAGAFFE**

« Un chaton est
le bouton de rose dans le jardin
du règne animal. »

**ROBERT SOUTHEY**

« On reconnaît la grandeur et la valeur
d'une nation à la façon dont celle-ci
traite ses animaux. »

**MAHATMA GANDHI**

« Indifférent à son passé, insouciant
de son avenir, le chat, qui a neuf vies
et n'est pas à une près, s'est
très naturellement multiplié malgré
les sévices. »

**YANN ARTHUS-BERTRAND**

« Chaque fois que je vois un chat
au soleil, je pense à l'humanité. »

**FERNANDO PESSOA**

« Les chiens ont des maîtres,
les chats ont des serviteurs. »

**DAVE BARRY**

« Comme les juifs possédaient des chats, ils étaient mieux protégés des rats et donc de la peste. De ce fait, leur mortalité était moindre, au grand étonnement des chrétiens qui les accusèrent d'être les responsables de l'épidémie et en firent de grands massacres dans de nombreuses villes. »

**DIDIER HALLÉPÉE**

« Chat serait dieu de l'éléphant,
s'il mangeait la souris devant. »

**CHARLES DE LEUSSE**

« Je changerais volontiers de place
avec n'importe lequel de mes chats. »

**GEORGE NEY**

« La société est coupée en deux,
les antichats et les prochats. »

**LOUIS NUCERA**

« Ce navire est en état de naviguer :
il y a deux chats à bord. »

**COLBERT**

« Absent le chat, les souris dansent. »
**JEAN-ANTOINE DE BAÏF**

« Les chats sont là pour nous apprendre que sur la terre, tout n'a pas son utilité. »
**GARRISON KEILLOR**

« Mais les chats s'y entendent pour manipuler le monde. Un miaou par-ci, un ronron par-là, une légère pression de griffe… et Maurice n'avait encore jamais eu besoin de réfléchir à ça. Les chats n'ont pas besoin de réfléchir. Seulement de savoir ce qu'ils veulent. C'est à l'homme de réfléchir. Il est là pour ça. »
**TERRY PRATCHETT**

« Aux yeux des chats, tout appartient aux chats. »

**ANONYME**

« Les dettes sont comme des rats sur un bateau sans chat… Ça dévore un bateau en un rien de temps. »

**PIERRE DJADA LACROIX**

« Un chien est un chien, un oiseau est un oiseau et un chat est une personne. »

**MUGGY PEABODY**

# PARCE QUE MOI AUSSI, JE PENSE À VOUS...

“Qui que vous soyez...
D’où que vous veniez...
Quels que soient votre âge
et vos envies...
Faites de vos rêves une réalité !...
Faites de l’amour votre vie !”

**ZIGGY**

# TALENTS DE CHAT

« Un chat ne se noiera jamais s'il aperçoit la berge. »

**FRANCIS BACON**

« Les chats trop menacés par le feu finissent tout de même par aller se jeter dans l'eau. »

**LOUIS-FERDINAND CÉLINE**

« L'espèce humaine est la seule à avoir des difficultés à se voir en tant qu'espèce. Un chat semble n'avoir aucun mal à être un chat, c'est tout simple. Les chats n'ont apparemment aucun complexe, aucune ambivalence, aucun conflit et ne montrent aucun signe de volonté d'être plutôt des chiens. »

**ABRAHAM MASLOW**

« Je suis un chat. D'aucuns se demanderont comment un chat peut décrire aussi fidèlement ce qui se passe dans la tête de son maître. Cela n'a rien de difficile pour un chat, car je suis passé maître dans l'art de lire la pensée. Qu'on ne me demande pas depuis quand, cela n'a aucune importance. Je sais le faire, c'est tout. Quand je dors sur les genoux d'un homme, je frotte doucement ma fourrure lisse contre son ventre. Cela produit une sorte d'électricité qui transmet tout ce qui se passe en lui dans mes yeux et ma tête. L'autre jour, alors que mon maître me caressait gentiment la tête, je l'ai brusquement senti se laisser aller à une envie irrésistible : on pourrait faire un gilet bien chaud avec ma peau. J'ai lu instantanément cette idée impensable dans le fond de son cœur, et je n'ai pas pu m'empêcher de tressaillir d'effroi. Ce n'est pas de tout repos. »

**NATSUME SOSEKI**

« Il n'est plus intrépide explorateur
qu'un chaton. »
**CHAMPFLEURY**

« Les chats savent toujours
si on les aime ou non. Mais cela
ne les tracasse pas plus que cela. »
**WINIFRED CARRIÈRE**

« L'homme est le seul véritable sujet
de querelle entre le chien et le chat. »
**ÉRIC CHEVILLARD**

« Le chat possède la beauté sans
vanité, la force sans l'insolence,
le courage sans férocité, toutes les
vertus de l'homme sans les vices. »
**LORD BYRON**

« Les chats sont curieux,
mais ils détestent l'admettre. »

**MASON COOLEY**

« Je ne me rappelle plus pour quelle raison je me suis lancé dans cette digression. Qu'on me le pardonne. Les hommes oublient eux aussi les motifs de leurs actions, et on ne peut pas demander mieux à un chat. »

**NATSUME SOSEKI**

« Le chat sait comment obtenir
sa nourriture sans travailler,
un abri sans être enfermé
et l'amour sans contrainte. »

**WALTER LIONEL GEORGE**

« J'ai toujours un frisson
quand je vois un chat qui voit
ce que je ne peux pas voir. »

**ELEANOR FARJEON**

« Les chats sont des fainéants
couronnés de succès. Ils ont
simplement besoin de ronronner
pour obtenir nourriture et affection.
Quelle autre créature pourrait rester
à la maison sans rien faire, si ce n'est
ronronner, et obtenir tout
de même nourriture et affection ? »

**JIM AITES**

« Un chat peut se frayer un chemin
à travers n'importe quoi par ses
ronronnements. »

**DONNA MCCROHAN**

« Si les chats pouvaient parler, ils raconteraient des choses incroyables. »

**JOANN SFAR**

« Sa faculté de voir la nuit laisse supposer des pouvoirs secrets et surnaturels qui incitent à la jalousie autant qu'à la crainte de l'inconnu. »

**JAN ET HÉLÈNE LÜHL**

# PARCE QUE MOI AUSSI, JE PENSE À VOUS...

“En vérité, rien n’a changé
et tout a changé.
À jamais je ne suis pas d’ici,
À jamais je reste un être libre.”

**ZIGGY**

# AMOUR ET COMPLICITÉ AVEC LE CHAT

« Un chien, un chat, c'est un cœur
avec du poil autour. »
**BRIGITTE BARDOT**

« Un moustique dure une journée,
une rose trois jours. Un chat dure treize
ans, l'amour trois. C'est comme ça.
Il y a d'abord une année de passion,
puis une année de tendresse
et enfin une année d'ennui. »
**FRÉDÉRIC BEIGBEDER**

« On ne peut se fier à personne.
Les chats, c'est autre chose.
Une fois qu'ils t'acceptent
dans leur vie, c'est pour toujours. »
**ANDRÉ BRINK**

« Quel plus beau cadeau que l'amour d'un chat? »

**CHARLES DICKENS**

« Les gens qui aiment les chats sont ceux qui ont le plus gros cœur. »

**SUSAN EASTERLY**

« Les connaître pour les comprendre, les comprendre pour les aimer, les aimer pour les défendre. »

**FERNAND MÉRY**

« Les chats ont besoin de vous, certes, mais ils ne quémandent pas votre affection. »

**VICKI MYRON**

« Qui aime un chat aime tous les chats. Qui aime son chien n'aime pas les autres. »

**ROLAND TOPOR**

« Pour comprendre quelque chose aux chats, il faut être un chat soi-même. »

**NATSUME SOSEKI**

« Je me tourne, ô beau chat, vers tes prunelles sacrées et il me semble que j'ai devant moi deux étoiles. »

**LE TASSE**

« Même si tu viens de casser un vase Ming, ronronne. Normalement, tu devrais être pardonné. »

**LENNY RUBENSTEIN**

« Les chats laissent leurs empreintes
de velours dans notre cœur. »

**ANONYME**

« Les chats se souviennent de l'amour
et de la gentillesse qu'ils reçoivent
et sont capables de le rendre dans
le futur. »

**ANONYME**

« C'est à lui que j'ai donné mon cœur
avare, mon précieux cœur de chat.
Et lui, sans paroles, m'a donné le sien. »

**SIDONIE-GABRIELLE COLETTE**

« Le chat nous oblige à la réflexion
et à la stratégie sentimentale. »

**JACQUES LANZMANN**

« Moi, j'aime les chats. Les chats sont les tigres des pauvres diables. »

**THÉOPHILE GAUTIER**

« La mélancolie, c'est un chat perdu qu'on croit retrouvé. »

**LÉO FERRÉ**

« Mon chat connaît la chanson de mon cœur et me la ronronne quand la mémoire me fait défaut. »

**ANONYME**

« J'ai senti des chats frotter leur visage contre le mien et toucher ma joue avec des griffes soigneusement gainées. Ces choses sont, pour moi, des expressions d'amour. »

**JAMES HERRIOT**

« Si vous êtes digne de son affection, un chat deviendra votre ami mais jamais votre esclave. »

**THÉOPHILE GAUTIER**

« Il fallait que mes yeux fussent pour elle des yeux, c'est-à-dire les miroirs où sa petite âme cherchait anxieusement à saisir un reflet de la mienne. »

**PIERRE LOTI**

« Aimer les chats, c'est être du bon côté une fois pour toutes, c'est abolir les vieilles superstitions, c'est réhabiliter les hérétiques. »

**LOUIS NUCÉRA**

« Les Scandinaves faisaient du chat l'emblème de l'amour. »

**PAUL MORAND**

« Nos compagnons familiers,
ces “machines à aimer”, sont consumés
par l'amour qu'ils nous donnent.
La force de leurs sentiments, de leur
passion, ne saurait s'accorder avec
une existence plus longue. »

**JEAN-PIERRE HUTIN**

« La manière de traiter un chat,
c'est de le considérer comme un égal,
ou mieux encore, comme
le supérieur qu'il sait être. »

**ELIZABETH PETERS**

« Si l'on peut à la rigueur quitter
sa femme ou son mari sans trop
en souffrir, on n'abandonnera jamais
son chat. »

**JACQUES LANZMANN**

« Il n'est pas seulement témoin
de la vie de ses maîtres (maîtres ?),
il en est un acteur privilégié. Il sait
des choses que nous ne savons plus,
il nous les apprend. »
**FRÉDÉRIQUE HÉBRARD**

« Quand votre chat se frotte la tête
contre votre jambe, il vous marque
affectueusement de son odeur et vous
identifie comme sa propriété privée
pour dire, en effet, "tu m'appartiens". »
**SUSAN MCDONOUGH**

# PARCE QUE MOI AUSSI, JE PENSE À VOUS...

“La vie est trop courte pour ne pas faire ce que l’on aime.”

**ZIGGY**

# LE MYSTÈRE DU CHAT

« Mon chat est un compagnon mystique, un esprit. »
**STÉPHANE MALLARMÉ**

« Ce regard du chat, profond, mystérieusement investigateur, presque inquiétant par sa fixité, cet œil ouvert sur vous comme un appareil qui prend votre image, doit faire penser que les chats sont de meilleurs jugeurs des gens qui les approchent que les chiens. »
**EDMOND ET JULES DE GONCOURT**

« Je crois que les chats sont des esprits venus sur terre. Un chat, j'en suis convaincu, pourrait marcher sur un nuage. »
**JULES VERNE**

« Les chats, quand ils rêvent,
c'est tout leur corps qui chasse. »
**CLAUDIE GALLAY**

« Les Gitans, les chats errants et les
roses trémières savent quelque chose
sur l'éternel que nous ne savons plus. »
**CHRISTIAN BOBIN**

« Le problème avec les chats
est qu'ils conservent exactement
la même expression, qu'ils voient
une mouche ou un tueur fou. »
**PAULA POUNDSTONE**

« Et si cet animal (le chat) était
avant tout un point d'interrogation
se promenant sur des coussinets ? »
**STÉPHANIE HOCHET**

« Un chat, c'est un rébus
sans solution. »
**HAZEL NICHOLSON**

« Il suffit de croiser son regard avec celui d'un chat pour mesurer la profondeur des énigmes que chaque paillette de ses yeux pose aux braves humains que nous sommes. »
**JACQUES LAURENT**

« Les chats sont des êtres mystérieux. Nous ne sommes pas conscients de tout ce qui leur traverse l'esprit. »
**WALTER SCOTT**

« Sa compagnie apporte à l'homme solitaire le baume consolant de la mysticité. »
**MAURICE ROLLINAT**

« On se dit que c'est un animal
mais ce n'est pas vrai ! »
**KARINE MIERMONT**

« Jamais il ne sera donné à aucun
de nous de rien déchiffrer dans
ces petites têtes câlines qui se font
si amoureusement caresser, tenir
et comme pétrir dans nos mains. »
**PIERRE LOTI**

« Il paraît que dans les yeux du chat,
les prunelles s'emplissent et se dilatent
à la pleine lune, tandis qu'elles se
contractent au décours de cet astre. »
**PLUTARQUE**

« Avec amour le chat se lèche
Puis il s'endort dans son orgueil,
Mais prenez garde il dort d'un œil
Et pourrait bien vendre la mèche. »

**DANIEL LANDER**

« Le chat, une sentinelle
de l'invisible. »

**RENÉ DE OBALDIA**

« Le seul mystère à propos du chat, c'est pourquoi il a décidé d'être un animal de compagnie. »

**SIR COMPTON MACKENZIE**

« Les chats ont toujours l'air d'être là depuis toujours, même s'ils viennent juste d'arriver. En fait, ils vivent leur vie dans un espace-temps bien à eux. Et ils font comme si le monde des hommes n'était pour eux qu'une escale en voyageant vers un ailleurs nettement plus intéressant. »

**TERRY PRATCHETT**

« Les chatons naissent avec les yeux clos. Ils les ouvrent au bout de six jours environ, jettent un coup d'œil, puis ils les referment pour la plus grande partie de leur vie. »

**STEPHEN BAKER**

« Du fond de son regard énigmatique, quarante siècles d'amitié féline vous contemplent. »

**DIDIER HALLÉPÉE**

« Voyez-vous ce chaton qui chasse sa propre queue avec tant de charme ? Si vous pouviez voir à travers ses yeux, vous le verriez encerclé de centaines de silhouettes jouant des drames complexes aux rôles comiques et tragiques, tenant de longues conversations, jouant des personnages variés et sujets à des destinées pleines de hauts et de bas. »

**RALPH WALDO EMERSON**

« Oh ! Si l'on pouvait, rien qu'un instant, penser à sa place, et ensuite se souvenir, quelle solution subite et décisive, pleine d'épouvante sans doute cela donnerait à des problèmes éternels. »

**PIERRE LOTI**

# PARCE QUE MOI AUSSI, JE PENSE À VOUS...

“Même les honneurs enferment, restez libre.”

**ZIGGY**

# NATURE ET CARACTÈRE DU CHAT

« Ceux qui jouent avec des chats
doivent s'attendre à être griffés. »
**MIGUEL DE CERVANTÈS**

« Il est chez lui partout, pouvant entrer
partout, l'animal qui passe sans bruit,
le silencieux rôdeur, le promeneur
nocturne des murs creux. »
**GUY DE MAUPASSANT**

« Contre l'étoffe, le chat dormait,
en boucle blanche, au centre du
cercle formé par sa queue et sa tête.
Et son ventre difforme,
déporté vers le plafond, marquait
une désapprobation silencieuse. »
**ANNE CALIFE**

« Je suis aussi vigilant qu'un
chat qui vole de la crème. »
**WILLIAM SHAKESPEARE**

« Seulement les hasards sont parfois
comme les chats ayant capturé
les souris. Ils les laissent s'échapper,
courir, croire en leur chance de survie,
mais c'est juste pour le sport et
pour affirmer un peu plus qu'ils sont
définitivement les maîtres.
D'un coup de griffe, d'un coup de
langue, ils ramènent leur victime sur
leur territoire et lui donnent le coup
de grâce. Parfois, pervers, comme
les chats, les hasards s'amusent.
Avec les sonorités des mots, ils font
des jeux. Avec les noms de leurs
victimes aussi. »
**HUBERT BEN KEMOUN**

« La souris a peur du chat,
le chat a peur du chien. »
**CHRISTIAN BOBIN**

« Les chats ont un petit côté
chameau. »
**R. CHARTRAND**

« Adopter un chat, c'est avant tout adopter sa nature féline avec ses nombreux paradoxes : alternance de docilité et d'insoumission, mélange de douceur et d'apparente cruauté, savant dosage d'attachement et de désintéressement feint. »
**MARIE-LUCE HUBERT**

« À ma connaissance, le chat demeure le seul animal dont toutes les émotions se lisent au travers de l'orientation des oreilles, pupilles et battements de queue. »

**ANNE CALIFE**

« Le chat, comme le papillon, n'a pas besoin d'excuse. »

**ROBERT ANSON HEINLEIN**

« Le chat domestique semble avoir plus confiance en lui qu'en n'importe qui d'autre. »

**LAWRENCE N. JOHNSON**

« Les chats sont-ils fous? Eh bien, s'ils le sont, cela les rend plus puissants. Lequel d'entre nous n'a pas rêvé de faire juste ce qu'il veut, quand il veut, comme il veut et autant qu'il veut? »

**FERNAND MÉRY**

« Le chat n'obéit qu'à lui-même. Il dit plutôt non à tout que oui peut-être. »

**JACQUES LANZMANN**

« Rien de plus espiègle qu'un jeune chat, ni de plus sérieux qu'un vieux chat. »

**THOMAS FULLER**

« Les chats sont comme les sorcières. Ils ne se battent pas pour tuer mais pour gagner. Ça fait une différence. Un adversaire mort ne sert à rien. Il ignore qu'il a perdu. Un vrai vainqueur a besoin d'un adversaire vaincu et qui le sait. On ne goûte pas de triomphe au-dessus d'un cadavre, mais un adversaire déconfit et qui le demeure chacun des jours restants de son existence triste et misérable prend une valeur inestimable. Les chats, bien entendu, ne cherchent pas aussi loin d'explication à leurs habitudes. Ils apprécient seulement de voir un concurrent repartir en clopinant, allégé d'une queue et de quelques lambeaux de pelage. »

**TERRY PRATCHETT**

« La problématique mathématique qu'un quelconque chat fasse exactement ce qu'il veut est un absolu scientifique. »

**LYNN M. OSBAND**

« Les chats peuvent être très drôles et exprimer leur joie de façon extrêmement pittoresque. Rudimace, par exemple, a toujours fait pipi dans nos chaussures. »

**WYSTAN HUGH AUDEN**

« On lui dit : “Prends les souris et laisse les oiseaux !” C'est bien subtil, et le chat le plus fin parfois se trompe. »

**JULES RENARD**

« Branle-bas de nuit pour les rats,
dans la ferme où le chat est jeune. »

**SIGRID UNDSET**

« Les chats sont de sales bestioles
qui lacèrent les fauteuils et font pipi
au milieu des salons, après quoi
ils vont s'établir sur les genoux d'une
dame respectable, une présidente de
confrérie, une grand-mère de parents
d'élève, une lauréate de jeux floraux
infiniment maigre et savante. »

**ALEXANDRE VIALATTE**

« Il affectait un profond mépris
pour les chiens, parce qu'il les trouvait
serviles et rampants, et beaucoup
d'estime pour les chats, parce qu'il leur
trouvait un caractère plus libre,
et non moins d'attachement. »

**PIERRE-LOUIS ROEDERER**

« Le refus des chats de comprendre est délibéré. »

**LOUIS NUCERA**

« Le chat ronronne le présent. Le chat est toujours dans aujourd'hui... Le chat mijote et ne bout jamais. Le chat est un animal concentré, un poêle à combustion lente. »

**PAUL MORAND**

« Je n'ai pas besoin de me marier. J'ai trois animaux à la maison qui remplissent le même rôle qu'un mari. J'ai un chien qui grogne le matin, un perroquet qui jure l'après-midi et un chat qui rentre tard dans la nuit. »

**MARIE CORELLI**

« Qui naquit chat court après
les souris. »
**PROVERBE FRANÇAIS**

« Les chats ont des peines
qui ressemblent à celles des humains,
si ce ne sont pas les mêmes. Mais
nous avons plus de discrétion qu'eux.
Nos peines restent secrètes. »
**GEORGES BORDONOVE**

« Je suis un acteur pas tellement
spontané. Je suis un acteur qui
réfléchit. Je serais plutôt un acteur type
chat. Les chats ne sont pas spontanés,
les chiens le sont. »
**JEAN-LOUIS TRINTIGNANT**

« Les caresses n'ont jamais transformé
un tigre en chaton. »
**FRANKLIN DELANO ROOSEVELT**

« Les chats sont des êtres faits
pour emmagasiner la caresse. »
**STÉPHANE MALLARMÉ**

« Le chien accourt quand on l'appelle.
Le chat prend le message
et vient quand il peut. »
**MARY BLY**

« L'appareil auditif des chats est conçu
pour que la voix humaine entre par
une oreille et ressorte par l'autre. »
**STEPHEN BAKER**

# PARCE QUE MOI AUSSI, JE PENSE À VOUS…

“Que jamais l'éphémère
de l'ambition, de l'argent ou
du pouvoir ne vienne détruire
chez vous une des choses
les plus rares : l'amitié.”

**ZIGGY**

# LES FEMMES ET LES CHATS

« Le jeu du chat et de la souris
n'a pas de sens quand une chatte
sourit sous la caresse. »

**OXMO PUCCINO**

« Les hommes sont comme les chiens,
ils viennent quand on les appelle.
Les femmes sont comme les chats,
il suffit de les appeler pour qu'elles s'en
aillent. »

**MICHEL GALABRU**

« Beaucoup d'hommes cherchent une
femme pacifique. Mais en fait, la femme
est belliqueuse comme une chatte. »

**FRIEDRICH NIETZSCHE**

« La femme, comme le chat,
a neuf vies. »

**JOHN HEYWOOD**

« Je crois que les félins ont été donnés aux hommes pour qu'ils fassent auprès d'eux l'apprentissage de la femme. »
**TSUGUHARU FOUJITA**

« Les femmes et les chattes font ce qu'elles veulent, et les hommes et les chiens devraient se détendre et se faire à cette idée. »
**ROBERT ANSON HEINLEIN**

« La femme séduit comme une chatte, la chatte séduit comme une femme. »
**STÉPHANIE HOCHET**

« Comme il y a chien et chat
dans chaque sexe, il faut être
alternativement chien avec les chats
et chat avec les chiens. »

**MARIE-JEAN HÉRAULT DE SÉCHELLES**

« On a remarqué que de tous les
animaux, les femmes, les mouches
et les chats sont ceux qui passent
le plus de temps à leur toilette. »

**CHARLES NODIER**

« Après avoir été castré, le plus souvent
par sa maîtresse, le chat sera caressé
par elle le restant de ses jours. »

**LOUIS-FERDINAND CÉLINE**

« Je n'ai jamais compris pourquoi les femmes aiment les chats. Les chats sont indépendants, ils n'écoutent rien, ils ne viennent jamais quand on les appelle, ils aiment rester dehors toute la nuit, et quand ils sont à la maison, ils préfèrent qu'on les laisse tranquilles et ils dorment. En d'autres termes, les caractéristiques que les femmes détestent tant chez un homme leur semblent aimables chez un chat. »

**JAY LENO**

« C'est peut-être l'exquise propreté du chat qui fait que tous les peuples l'ont comparé à la femme. »

**CHAMPFLEURY**

« À Memphis, une femme avait d'autant plus de titres à la beauté qu'elle ressemblait d'autant plus à une chatte. »

**PAUL MORAND**

« Les femmes, les poètes et particulièrement les artistes aiment les chats. Seules les natures délicates peuvent comprendre leur système nerveux sensible. »

**HELEN M. WINSLOW**

« L'amour de la femme et les caresses du chat durent aussi longtemps qu'on leur en donne. »

**PROVERBE ESPAGNOL**

« Chaque fois qu'une maîtresse me quitte, j'adopte un chat de gouttière : une bête s'en va, une autre arrive. »

**PAUL LÉAUTAUD**

« Étrange imperfection de l'homme qui préfère les femmes alors qu'il y a les chattes ! Chattes aux yeux verts, feuilles de charme de vos yeux minéraux, bleu fulgurant d'un myosotis, soleil d'or qui s'écarquille en étincelant. »

**LISE DEHARME**

# PARCE QUE MOI AUSSI, JE PENSE À VOUS...

“Les chattes décident toujours de l’instant où l’amour ne peut plus attendre.”

**ZIGGY**

# L'IMPORTANCE DU CHAT DANS NOTRE VIE

« Il y a deux moyens d'oublier les tracas de la vie : la musique et les chats. »
**ALBERT SCHWEITZER**

« Aussi infailliblement que le chat se met à ronronner quand on lui caresse le dos, aussi sûrement on voit une douce extase se peindre sur la figure de l'homme qu'on loue. »
**ARTHUR SCHOPENHAUER**

« L'homme est civilisé dans la mesure où il comprend le chat. »
**GEORGE BERNARD SHAW**

« Ma peine sera terminée lorsque je trouverai un chat pour compagnon. »
**AHMAD IBN FARIS**

« La vie du chat contient une époque, concentre une parcelle de notre vie, elle est une sorte de mesure du temps et une mémoire, elle contient une expérience commune, un morceau de notre histoire, une parcelle de notre temps perdu. Quand le chat mourra, ce sera comme la fin d'un temps, la fin d'une période. L'extinction d'une partie de nous-mêmes avec l'extinction du chat ? »

**KARINE MIERMONT**

« Puisque nous ne sommes dotés que d'une vie, pourquoi ne pas la passer avec un chat ? »

**ROBERT STEARNS**

« Je préfère être vivant pour mes amis et mes chats que mort pour la France. »

**PHILIPPE VAL**

« Mon mari m'a dit : "C'est le chat ou moi !" Parfois, il me manque. »

**ANONYME**

« Le chat cligne des yeux. Il a attendu longtemps que tu te souviennes de son nom. Son ronronnement, régulier comme les battements de cœur d'une horloge, est un pont entre l'endroit d'où tu viens et l'endroit où tu es maintenant. Compagnon fiable, il te guide vers le pays dont le nom te vient lentement sur les lèvres. »

**LISA SUHAIR MAJAJ**

« Deux chats, ça ne coûte pas plus cher qu'un seul, et le propriétaire a deux fois plus de plaisir. »

**LLOYD ALEXANDER**

« Ne vous mariez pas. N'entrez pas dans les ordres. Ne partez pas pour l'Afrique. Achetez un chat. »

**HENRY DE MONTHERLANT**

« Moi qui n'ai pas le profond de ton regard, puis-je oser parler de toi sans te trahir? »

**MURIEL JACK**

« Un chat ne remplace pas un autre chat, jamais. Un chat n'efface pas la tristesse éprouvée à la disparition du précédent. Ce n'est pas vrai. Je n'ai jamais compris l'attitude de ces gens qui refusent d'adopter un autre chat. »

**FRÉDÉRIC VITOUX**

# PARCE QUE MOI AUSSI, JE PENSE À VOUS...

Loi des 5 V du chat

“À chaque instant :
Au-delà de la vue, la vision,
Par-delà la vision, la vérité,
À travers la vérité,
La volonté de la vie.”

**ZIGGY**

# CONSIDÉRATIONS ABSURDES À PROPOS DU CHAT

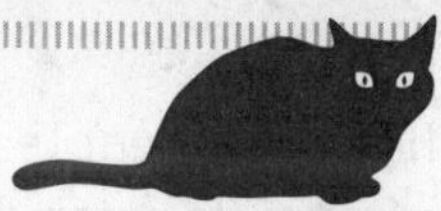

« Tous les chats sont mortels, Socrate est mortel, donc Socrate est un chat. »
**EUGÈNE IONESCO**

« Si on prend le mot journal, et qu'on remplace le J par un C, le O par un H, le U par un A, le R par un T et qu'on supprime le reste, on obtient le mot "CHAT". C'est dingue, non ? »
**PHILIPPE GELUCK**

« Les chats craignent l'eau, c'est pourquoi ils préfèrent prendre des bains de soleil. »
**STÉPHANE CARON**

« Quand le baromètre se passe
la patte derrière l'oreille, c'est que
le chat est à la pluie. »

**LÉO CAMPION**

« Baigner un chat exige de la force,
de la persévérance, une grande
conviction et un chat, ce dernier
ingrédient étant généralement le plus
difficile à trouver. »

**STEPHEN BAKER**

« Si une tartine tombe toujours du côté
beurré et qu'un chat retombe toujours
sur ses pattes, que se passe-t-il si on
laisse tomber un chat sur le dos duquel
on a attaché une tartine beurrée ? »

**STEVEN WRIGHT**

« C'est dans les arbres à chats
que l'on trouve des chatons. »

**ANONYME**

« Si vous n'aimez pas le chat en tant
qu'animal, tentez votre chance avec
le chat sur Internet… »

**JACQUES CARON**

« Après avoir fait une grosse connerie,
le chat grimpe dans l'arbre.
Et le fonctionnaire, dans la hiérarchie. »

**BRUNO MASURE**

« Si vous prenez un chat et que vous le séparez en morceaux pour voir comment ça fonctionne, tout ce que vous obtenez, c'est un chat qui ne fonctionne plus. »

**DOUGLAS ADAMS**

« Un certain chat d'Iran retombait toujours sur ses pattes… en plus d'avoir le regard perçant ! »

**GAËTAN FAUCER**

« Lorsque tu vois un chat
de sa patte légère laver son nez
rosé, lisser son poil si fin, bien
fraternellement embrasse ce félin.
Moralité : s'il se nettoie,
c'est donc ton frère. »

**ALPHONSE ALLAIS**

« Voyez-vous, le télégraphe est une sorte de très long chat. Vous lui tirez la queue à New York et sa tête miaule à Los Angeles. Comprenez-vous ? Et la radio fonctionne de la même manière : vous envoyez un signal ici et vous le recevez là. La seule différence, c'est qu'il n'y a pas de chat. »

**ALBERT EINSTEIN**

« Combien de gens mènent une vie de chien parce qu'ils n'ont pas de chat à fouetter ? »

**JACQUES CARON**

« J'ai trouvé pourquoi le chat boit l'eau des toilettes. Ma mère m'a dit que c'est parce que l'eau y est fraîche. Mais comment ma mère sait-elle cela ? »

**WENDY LIEBMAN**

« S'il y avait un chat invisible dans
ce fauteuil, le fauteuil aurait l'air vide.
Comme le fauteuil a l'air vide,
il y a donc un chat invisible dedans. »

**JACK LEWIS**

# PARCE QUE MOI AUSSI, JE PENSE À VOUS...

"La confiance se gagne,
le respect se mérite,
l'amour se donne."

**ZIGGY**

# PARALLÈLES DE VIE

« Mieux vaut une souris dans la gueule du chat qu'un client aux mains de l'avocat. »
**PROVERBE ITALIEN**

« Peu importe combien de chats se battent, il semble toujours y avoir beaucoup de chatons. »
**ABRAHAM LINCOLN**

« La belle-mère et la bru dans la même maison sont comme deux chats dans un sac. »
**PROVERBE YIDDISH**

« Le papier, c'est pour écrire.
Le chat, c'est pour le rat.
Le fromage, c'est pour griffer. »
**EUGÈNE IONESCO**

« Chaque vie devrait avoir neuf chats. »
**ANONYME**

« Le chagrin est une sorte de chat sauvage, de couleur grise. Son cri est plutôt triste et lugubre. Il faut se mettre à plusieurs pour en venir à bout. Car, tout seul, on arrive mal à chasser le chagrin. »
**FRANCIS BLANCHE**

« Tant qu'on n'a pas aimé un animal, une partie de notre âme reste endormie. »
**ANATOLE FRANCE**

« La théologie joue avec la vérité comme un chat avec une souris. »
**PAUL VALÉRY**

« Seulement une souris très courageuse se niche dans l'oreille du chat. »
**EARL DERR BIGGERS**

« Ceux qui n'aiment pas les chats ont dû être souris dans une vie antérieure… »
**ANONYME**

« Si avoir une âme signifie avoir la capacité d'aimer, d'être loyal et éprouver de la gratitude, alors les animaux sont mieux lotis que beaucoup d'humains. »
**JAMES HERRIOT**

« Quand je joue avec mon chat,
qui sait s'il ne s'amuse pas plus de moi
que je ne le fais de lui ? »

**MONTAIGNE**

« Les animaux sont fiables, pleins d'amour, vrais dans leurs affections, prévisibles dans leurs actions, reconnaissants et fidèles. Des normes difficiles à essayer d'égaler pour les personnes. »

**ALFRED A. MONTAPERT**

« De toutes les créatures, il n'y en a qu'une qui ne puisse être tenue en laisse. C'est le chat. Si l'homme pouvait être croisé avec le chat, cela améliorerait l'homme, mais cela dégraderait le chat. »

**MARK TWAIN**

# PARCE QUE MOI AUSSI, JE PENSE À VOUS...

“Il arrive que l’on croise
des êtres qui ne sont là que
pour nous dire que l’on
est encore capable d’aimer.
Ils ne sont pas l’âme sœur,
juste le déclencheur.”

**ZIGGY**

# ATTITUDE ET PHILOSOPHIE DU CHAT

« Aucun chat ne prend des souris pour l'amour de Dieu. »

**PROVERBE PERSAN**

« Le chien s'accommode d'un maître qui nourrit des sentiments banals et une morale "humanocentriste" surévaluée (...), un type bien, constructif, pas morbide pour un sou, civique en diable, très famille, un type normal en somme. (...) Tandis que le chat, poursuit-il, est fait pour celui qui réalise quelque chose, non par devoir, mais pour le plaisir, le charme, la splendeur. »

**HOWARD PHILLIPS LOVECRAFT**

« Si on veut retenir un chat qu'on a blessé, il griffe et se sauve. »

**MARCELLE SAUVAGEOT**

« Ce n'est pas la liberté
de ne pas enfouir les ordures
qu'on fait, songeait-il.
Il n'y a pas d'animal plus libre que
le chat mais il enterre ses saletés.
Le chat, c'est le meilleur anarchiste. »

**ERNEST HEMINGWAY**

« Les chats sont des tigres bourgeois
amis de l'homme ; ils ne flattent
personne, ils veulent être aimés
pour eux-mêmes. »

**THÉOPHILE GAUTIER**

« Les chats sont incompris.
Parce qu'ils dédaignent de s'expliquer :
énigmatiques, ils ne le sont que
pour qui ignore la puissance
expressive du mutisme. »

**PAUL MORAND**

« Quand la souris nargue le chat,
c'est que son trou n'est pas loin. »
**PROVERBE NIGÉRIEN**

« Et le chat dit :
"Sais-tu faire le gros dos, ronronner ?
– Non.
– Alors n'émets pas d'opinions
absurdes quand les gens
raisonnables parlent." »
**ANDERSEN**

« N'appelle pas le chat pour mettre
d'accord deux oiseaux qui se battent. »
**PROVERBE INDIEN**

« Si les chats portaient des gants
ils n'attraperaient pas de souris. »
**PROVERBE HINDOU**

« Peut-être l'enfant, comme le chat, regarde-t-il trop à l'intérieur de lui-même pour se voir dans un miroir. »

**ANAÏS NIN**

« Le petit chat et le morceau de papier dont il se fait une souris. Il le touche légèrement de peur de s'ôter une illusion. »

**JOSEPH JOUBERT**

« Aucun homme n'ose manifester son ennui avec autant d'insolence qu'un siamois qui bâille au visage de sa femelle importunément amoureuse. »

**ALDOUS HUXLEY**

« Le chat ne négocie pas avec
la souris. »
**ROBERT K. MASSIE**

« En général, quand un chat est dehors,
il veut rentrer et vice versa,
et souvent en même temps. »
**LOUIS J. CAMUTI**

« Les animaux ont une meilleure attitude envers la vie et la mort que nous. Ils savent quand leur temps est venu. Nous sommes ceux qui souffrent quand ils meurent, mais c'est une sorte de chagrin de guérison qui nous permet de traiter d'autres douleurs qui ne sont pas si faciles à gérer. »
**EMMYLOU HARRIS**

« Les chats n'aiment pas le changement auquel ils n'ont pas consenti. »

**ROGER A. CARAS**

« Je crois que le chat est le dernier représentant du paradis terrestre. C'est l'animal le plus domestique et le plus sauvage en même temps. »

**REMO FORLANI**

« Conquérir l'amitié d'un chat est chose difficile. C'est une bête philosophique, rangée, tranquille, tenant à ses habitudes, amie de l'ordre et de la propreté, et qui ne place pas ses affections à l'étourdie : il veut bien être votre ami, si vous en êtes digne, mais non pas votre esclave. »

**THÉOPHILE GAUTIER**

« Les chats, c'est comme le papier, ça se froisse très vite. »
**GUY DE MAUPASSANT**

« Le chat ne prétend dormir que pour mieux observer. »
**FRANÇOIS-RENÉ DE CHATEAUBRIAND**

« De quel droit le chien doit-il être considéré comme un noble animal ? Plus vous êtes brutal, cruel et injuste avec lui, plus il devient votre esclave servile et aimant ; tandis que si vous vous comportez incorrectement avec un chat une seule fois, il gardera désormais toujours à votre égard une réserve digne – vous ne regagnerez jamais sa pleine confiance. »
**MARK TWAIN**

# PARCE QUE MOI AUSSI, JE PENSE À VOUS...

“La haine brûle moins longtemps que l’amour. L’amour est un virus qui ne se propage ni ne se répand, mais qui se cultive.”

**ZIGGY**

# ADMIRATION ET CROYANCES

« Les Chinois voient l'heure dans l'œil des chats. »

**CHARLES BAUDELAIRE**

« Le chat semble mettre un point d'honneur à ne servir à rien, ce qui ne l'empêche pas de revendiquer au foyer une place meilleure que celle du chien. »

**MICHEL TOURNIER**

« Une des raisons pour laquelle nous admirons les chats (...) est, je pense, leur incroyable confiance en eux. »

**BARBARA WEBSTER**

« Il est vrai que la couleur
noire nuit beaucoup aux chats
dans les esprits vulgaires. »

**FRANÇOIS-AUGUSTIN DE PARADIS DE MONCRIF**

« Quand les chats siffleront, à
beaucoup de choses nous croirons. »

**PROVERBE AGENAIS**

« Moi-même, je pense qu'avoir
un chat est plus important
que d'avoir une bible. »

**REGINALD HORACE BLYTH**

« Une nuit de pleine lune,
croiser un chat noir porte fortune. »

**ANONYME**

« Il est beaucoup plus facile de montrer de la compassion envers les animaux. Ils ne sont jamais méchants. »

**HAÏLÉ SÉLASSIÉ**

« Un poil blanc sur un chat noir est comme un talisman. »

**ANONYME**

« J'aime les animaux parce qu'ils ne sont pas consciemment cruels et ne trahissent pas les autres. »

**TAYLOR CALDWELL**

« Pour moi, tout ce qu'est et
ce que fait un chat est beau, charmant,
stimulant, apaisant, attractif
et enchanteur. »

**PAUL GALLICO**

# PARCE QUE MOI AUSSI, JE PENSE À VOUS...

“En toute chose, en tout être,
il est une partie de foi.
Rien n’est sans cela.”

**ZIGGY**

# DES CHIENS ET DES CHATS

« Un chien va vous flatter, mais c'est à vous de flatter le chat. »

**GEORGE MIKES**

« Les hommes ont modelé les chiens à leur gré. Les chats sont exactement comme ils étaient il y a dix millions d'années. »

**MARION GARRETTY**

« Un chien, on le possède – il est pour nous un esclave et est inférieur parce que nous le voulons. Mais un chat, on l'entretient – il occupe notre cœur en invité, en colocataire et en égal parce que c'est son souhait d'être là. Ce n'est pas un exploit d'être le maître, l'idole stupide, d'un chien dont l'instinct est de faire de vous son idole, mais c'est très valorisant d'être choisi comme ami et confident d'un chat. »

**HOWARD PHILLIPS LOVECRAFT**

« Chaque chien a son jour, mais les nuits sont réservées aux chats. »

**ANONYME**

J'ai peu de considération pour la religion d'un homme chez qui le chien et le chat ne représentent pas le meilleur. »

**ABRAHAM LINCOLN**

« Le chat laisse l'homme prendre soin de lui. Mais contrairement au chien, il n'est pas un lécheur de main. Plus encore, contrairement à l'autre grand ami de l'homme qu'est le cheval, le chat n'est pas l'humble serf de l'homme. Le seul travail qu'il consente à faire, c'est d'attraper souris et rats, et c'est du plaisir. »

**VANCE PACKARD**

« Même le plus stupide des chats en sait plus que n'importe quel chien. »
**ELEANOR CLARK**

« J'imagine que nous avons tous commencé comme chat, mais le monde nous a mis une laisse et un collier et nous a changés en chien. »
**ANONYME**

« Les chiens sont des paysans
et des animaux de paysans,
les chats sont des gentlemen
et des animaux de gentlemen. »
**HOWARD PHILLIPS LOVECRAFT**

« Vous pouvez posséder un chien, mais c'est le chat qui possède les gens, parce que le chat les considère comme des animaux domestiques utiles. »

**GEORGE MIKES**

« Quand votre chien saute sur votre lit, c'est qu'il adore votre compagnie. Quand votre chat saute sur votre lit, c'est qu'il adore votre lit. »

**ALISHA EVERETT**

« Les chats sont plus intelligents que les chiens. Vous ne pourrez pas obtenir de huit chats qu'ils tirent un traîneau dans la neige. »

**JEFF VALDEZ**

« Si le chien incarne l'action,
le chat, lui, est plutôt symbole
de réflexion. »

**MARIE-LUCE HUBERT**

« Le chat, qui est un animal solitaire,
a un esprit focalisé et va son chemin
seul ; mais le chien, comme son maître,
a l'esprit confus. »

**H.G. WELLS**

« Ce qui nous fascine chez le chat,
c'est justement qu'il échappe
à la tendre et balourde logique du chien
et qu'il ne nous suffit pas de dispenser
caresses et friandises pour se le mettre
dans sa poche. »

**JACQUES LANZMANN**

« Je peux imaginer un chat philosophe.
Pas un chien. »

**HAJIME IRISAWA**

« Le chien est comme les libéraux, il veut plaire à tout le monde. Le chat n'a pas vraiment besoin de savoir que tout le monde l'aime. »

**WILLIAM KUNSTLER**

« Comprendre un chien est à la portée de tout le monde. Ses jappements, ses attitudes en disent aussi long qu'un discours. En revanche, comprendre un chat est plus complexe. »

**JACQUES LANZMANN**

# LES VŒUX DE ZIGGY POUR LA NOUVELLE ANNÉE

# Cette année…

# Laissez aller…

Se laisser aller à rêver,
Et puis… Bonne année,
Se laisser aller alors à vivre,
Et puis, c'est l'été,
Reste le présent pour exister,
Le présent pour dire, oublier.
Se laisser aller à aimer,
Repeindre chaque journée,
Se laisser aller à sourire
jusqu'à éclater de rire,
Reste chaque seconde pour basculer.
Une seconde pour un regard croisé,
Pour l'ébauche d'un avenir,
Avoir encore le désir,

Et croire que demain saura offrir.
Se laisser aller à donner,
Sans rien attendre,
Même si l'on a des cicatrices,
Même mal refermées,
Il n'est rien d'autre qui vaille à vivre,
Donner.
Se laisser aller à cette nouvelle année,
Sans jeu, sans mensonge, sans a priori,
Et savourer chaque minute comme
un bonheur possible,
Rester émerveillé.
Il est minuit, et personne peut-être
ne vous le dit,
Nous avons tous un cœur à remplir.
Il est minuit, il n'est rien à cette
seconde à souhaiter,
Juste dire.
Pour vous, pour moi, il est minuit...
Je t'aime,
Et le monde peut bien s'effondrer.
Laissez aller...

**ZIGGY**

Imprimer en France par CPI en décembre 2018
N° d'impression : 3031957
ISBN : 978 2 36075 633 9
Dépôt légal : janvier 2019